Benjamin Robineau

UNE ANNÉE AVEC TOI

Roman en vers

© 2025 Benjamin Robineau

Édition : BoD · Books on Demand,
31 avenue Saint-Rémy, 57600 Forbach,
bod@bod.fr

Impression : Libri Plureos GmbH,
Friedensallee 273, 22763 Hamburg (Allemagne)

ISBN : 978-2-3225-7785-9
Dépôt légal : Juin 2025

Couverture : Généré par IA, puis retravaillé par Benjamin Robineau

Illustrations et textes : Benjamin Robineau

Du même auteur

— La légende de Lugh
— Axel et Camille : Les sept grimoires de Cynwrig
— Jon et l'héritage du démon
— Recueil de poésie
— Axel et Camille contre le dompteur de monstre
— L'albatros ou l'été de mes seize ans
— Poèmes et Proses

PRÉFACE

Il y a des histoires qui ne se racontent pas en lignes droites. Elles prennent des détours, trébuchent, s'enlacent, s'éloignent… puis reviennent sous forme de souvenirs, de silences ou de mots qui brûlent encore. L'amour, plus qu'un sujet, est ici un fil rouge, fragile, incandescent, parfois rompu, mais toujours vibrant.

Ce livre est une traversée. Chaque poème est une étape, un fragment d'émotion cueilli au bord du cœur. Une rencontre, un regard, une absence, une étreinte, un espoir ou un adieu. Tout ce qui fait qu'aimer, c'est vivre un peu plus fort. Ou un peu plus fragile.

Ces pages ne cherchent pas à expliquer l'amour. Elles le vivent. Elles le laissent parler avec ses balbutiements, ses cris, sa tendresse et ses cicatrices. Elles murmurent peut-être votre histoire, ou celle que vous n'avez pas encore vécue. Peu importe, si vous y trouvez un écho, alors ces mots auront atteint leur destination.

Que cette lecture vous emporte, vous trouble ou vous réconforte. Qu'elle vous rappelle, simplement, que l'amour, quand il devient poème, ne meurt jamais tout à fait.

UNE ANNÉE AVEC TOI

C'est une histoire d'amour
qui a la douceur du velours
mais cette histoire d'amour
n'a pas pu durer toujours

AUTOMNE

LA RENCONTRE

Par un après-midi d'automne
alors que mon esprit restait atone
un seul regard nous a suffi
pour que nos cœurs trouvent l'harmonie

tu t'es approché, tu m'as souri
alors que je restais ébahie
assis au fond de la classe
un clin d'œil, pour briser la glace

parler et s'apprécier
naissance d'une belle amitié
même si mon cœur semble s'emballer
pour une raison que je ne peux nommer

les jours ont fini par passer
et on à continué à se fréquenter
et à chaque fois que j'entends son rire
mon cœur bondit de plaisir

UN REGARD EN CLASSE

Debout devant nous tous réunis
tu récites une litanie
par cœur, tu l'as apprise
et pourtant, je vois ton ennui

car ce texte sans intérêt
affaisse tes si beaux traits
tes yeux d'un bleu profond
semblent perdus au-delà de l'horizon

ton exposé enfin terminé
tu te rassois et tu soupires
j'ignore pourquoi cela me fait sourire
et je continue de te regarder

tes cheveux blonds, tes yeux bleus
ton sourire doux et radieux
rien de plus pour me rendre heureux
si seulement je n'étais pas si peureux

car depuis un mois, je le sens
cet indescriptible sentiment
est un amour plein de tourment
jamais tu ne sauras, ce que je ressens

n'être que de simples amis
au risque de te perdre, me suffit
mais en mon for intérieur
cela fait souffrir mon cœur

ABSENCE

Assis au fond de la classe,
je ne te vois pas dans la masse
le calme, finalement, s'impose,
et la porte est désormais close

tu n'es pas arrivé
es-tu juste en retard ?
Ou serais-je seul pour la journée
puisses-tu n'être qu'en retard

car passer une journée sans toi
sans la beauté de tes yeux
sans la douceur de ta voix…

que la journée va être ennuyeuse,
sans tes traits d'esprit
et tes facéties merveilleuses

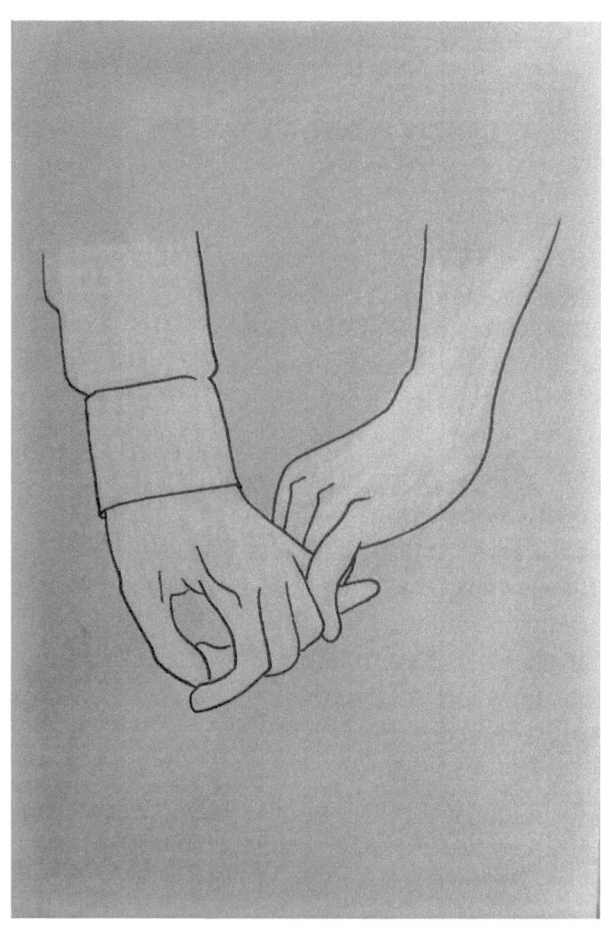

LA RÉVÉLATION

Un matin sans rien de spécial
pourtant, mon cœur s'emballe
te regarder boire semble m'émouvoir
jusqu'à être pris dans ton regard

j'aimerais te dire ce que je ressens
mais j'ai peur de ces sentiments
je reste donc silencieux, un peu honteux
de ne pas pouvoir dévoiler ce que je veux

perdu dans mes pensées, distrait
je ne t'ai pas remarqué
debout devant moi, avec un regard inquiet
une main sur mon front, tu as posé

je ne pouvais plus parler
alors, je t'ai embrassé
trois secondes de plaisir
avant de chercher à fuir

contre la porte, tu m'as plaqué
tu me forces à me retourner
persuadé que tu allais me frapper
avant de sentir tes lèvres m'embrasser

alors que nos lèvres se séparent
ta main attrape la mienne
et rapidement, tu m'entraînes
à l'écart de tous les regards

ne pas verbaliser nos sentiments
au risque qu'ils disparaissent subitement
et sans le moindre tact
tu résous tout par un simple contact

du bout de nos doigts
du bout de nos lèvres
jusqu'au dernier jaillissement
jusqu'au dernier tressaillement

UN CONTACT

Dans une classe, puis une autre
perdu au milieu des autres
sans jamais, un moment pour nous deux
pour être seuls, en amoureux

au fond d'une classe ennuyeuse
mes pensées sinueuses
brûlantes de désir
sont condamnées au soupir

assis à tes côtés
je vois ta main s'approcher
et contre la mienne se coller

nos doigts se cherchant
se chamaillant, s'enlaçant
finissent par se tenir fermement

VESTIAIRE 1

Le vestiaire, au milieu du bruit, des odeurs
où règne les garçons en sueur
qui exhibent, muscles et virilité
et ils ne semble pas presser de se changer

assis dans un coin, toi dans l'autre
au milieu de tous les autres
s'échangeant quelques regards
un sourire complice s'égare

dans des gestes lents,
attendant, enfin le bon moment
où tous finiront par s'en aller
pour nous offrir un moment d'intimité

le moment est enfin arrivé
où l'on peut s'approcher, se toucher,
du bout des doigts, avant d'échanger
un court, mais langoureux baiser

nos lèvres, nos doigts se séparent
finalement, sortir du vestiaire
rejoindre la foule, malgré nos regards
s'éloigner sous un ciel clair

DOUTE

Cela fait déjà deux semaines,
et tu ne m'as pas dit, *je t'aime*
j'ai finalement réussi à te le dire,
souvent murmuré ou lâché dans un soupir

je comprends que devant les autres
tu parles et agis comme les autres
attendant le moment d'être seuls, toi et moi
pour être réellement toi

pourtant, tu ne m'as pas dit, *je t'aime*
on c'est embrassé et dévoiler nos intimités
on c'est touchés et plusieurs fois succombé…
est-ce la preuve que tu m'aimes ?

je vais continuer d'attendre
surtout ne pas te presser
même si je suis empressé
que tu me dises ces mots tendres

DERNIER JOUR D'AUTOMNE

Alors que le soleil disparaît,
côte à côte, silencieux,
le bus arrive devant l'arrêt

sur le point de se séparer
pour deux longues semaines de vacances
après un dernier regard échangé…

je ne peux que te voir t'éloigner
je voudrais, dans mes bras, te serrer,
et échanger un dernier baiser

mais déjà, tu es parti
et je m'en veux de n'avoir rien dit
pas même un simple murmure…

pour te dire, *je t'aime*,
et dans l'espoir de t'entendre dire
que toi aussi, tu m'aimes

HIVER

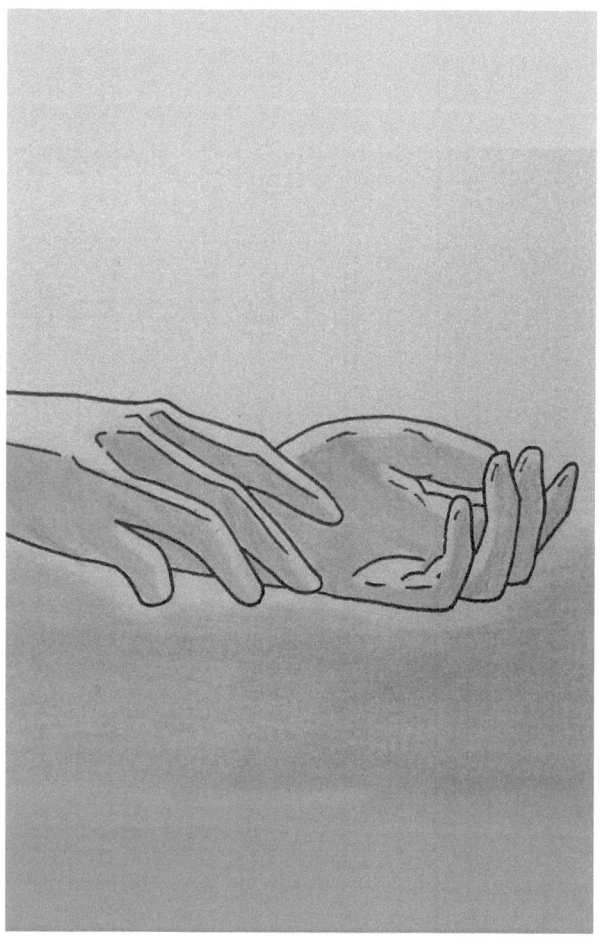

UN MATIN D'HIVER

À la lumière des réverbères,
par ce matin d'hiver,
les cheveux mouillés,
les doigts frigorifiés…

le visage giflé
par le vent glacé,
j'aimerais t'enlacer
pour me réchauffer

te serrer dans mes bras,
t'embrasser dans le cou,
et te dire tout bas
tout plein de mots doux

cette pensée me réchauffe le cœur,
et me remplit d'ardeur,
alors que redouble la pluie
d'une puissance infinie

je remonte la rue
et enfin, je te vois
au milieu des éclats de voix
tu affiches un sourire ambigu

la sonnerie commence à retentir
malgré nos regards, nos sourires
seuls restent nos soupirs
dans l'écho d'un brûlant désir

assis au fond de la salle,
nos mains sont enfin réunies
mon cœur, encore, s'emballe,
et toi, tu me souris

et dans un doux murmure,
lentement, tu me susurres
ton brûlant désir
de nous faire jouir

REPAS 1

Au milieu du réfectoire,
au milieu d'une table, face à toi,
au milieu des autres et leurs histoires,
je ne vois, je n'entends que toi

échanger des banalités,
se contenter d'énumérer
les cours à réviser,
et rêver à un temps de liberté

sentir ton pied contre le mien,
le sentir caresser ma jambe,
sourire léger, ne pas bouger le mien
car déjà, je tremble

ce serait plus simple de tout avouer,
d'hurlé au monde nos sentiments,
mais toi, comme moi, restons terrifiés
par les autres, leurs réactions, alors on ment

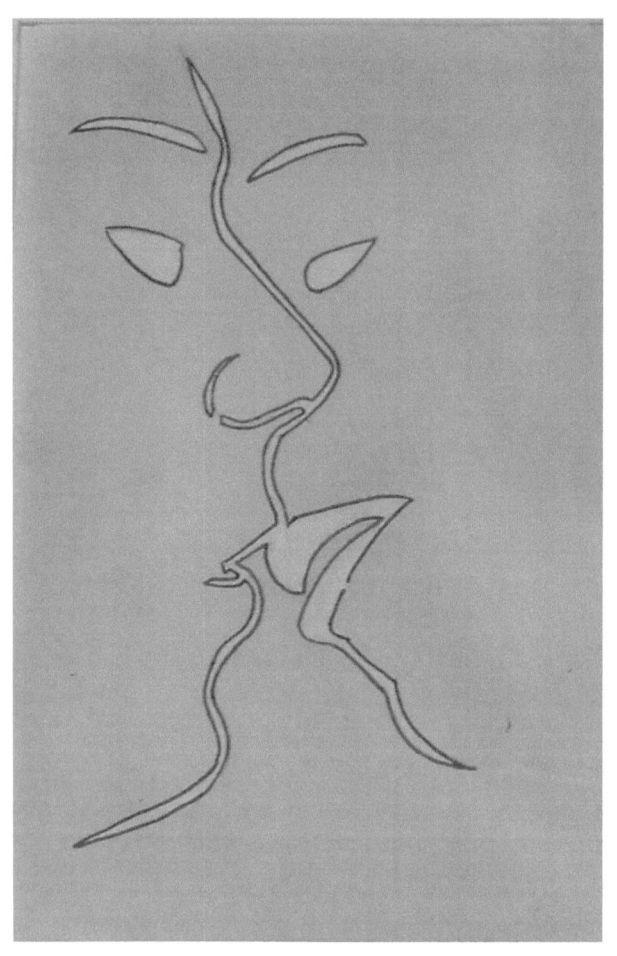

UN CALIN EN HIVER

À l'écart des regards du monde,
dans un coin abandonné,
je ressens chaque seconde
comme une longue éternité

emmitouflés dans nos blousons,
serré contre toi, comme dans un rêve,
doucement, je sens tes lèvres
me faire un nouveau suçon

tes mains, toujours baladeuses…
te repousser me fait frémir,
je vois ta mine boudeuse
je ne peux que subir ton désir

se dévoiler, se coller, se frotter,
avant que tu décides de nous empoigner…
par ton désir, tu te laisses emporter,
jusqu'à finir totalement submergé

satisfait, tu relâches ton emprise,
tu observes ton œuvre, puis tu m'embrasses
à nouveau, le temps s'efface dans une brise
et amoureusement, tu m'enlaces

UN APRÈS-MIDI DANS LE NOIR

Profiter d'un mouvement de grève
pour passer tout l'après-midi ensemble
traverser les rues et tu trembles
presser le pas avant qu'il ne pleuve

le film choisi, entrer dans le cinéma
au fond de la salle s'installer
doucement, entremêler nos doigts
et discrètement, s'embrasser

les ténèbres, illuminer par le film
je te regarde totalement captiver
même dans le noir, tu restes sublime

je pose ma tête sur ton épaule
tu poses, sur mon front, un baiser
et nos doigts restent entremêler

VESTIAIRE 2

Marchant sur le bord de la piscine
au loin, ton corps humide
est encore plus sublime
et discrètement, tu me fais signe

on attend en silence
que la pièce se vide
avide, regards que l'on se lance
dans ce froid humide

tremblant puis s'embrassant
sous les jets d'eau brûlants
je sens son membre palpitant
se caressant en gémissant

alors qu'il plonge sa main
dans mon slip de bain
je sens ses doigts
qui s'agitent avec joie

mais avant d'atteindre l'ultime plaisir
du couloir, on entend une voix rugir
il est déjà l'heure de partir

honteux d'avoir été pratiquement découvert
on se dirige promptement vers le vestiaire
qui par chance, est déjà désert

finalement nu, brûlant d'en finir
à ton contact, je ne peux que gémir
ce qui décuple ton plaisir

mais brutalement interrompu
par la voix du prof énerver
qui nous ordonne de nous dépêcher

abandonnant la quête du plaisir
un dernier regard, puis s'habiller
un dernier baiser et s'en aller

REPAS 2

Au milieu de la salle à manger
au milieu de la table, face au vide
au milieu de la famille, avide
des récits de la journée

débiter toujours les mêmes banalités
jusqu'à entendre ma mère déclarer
qu'il serait temps pour notre aînée
d'avoir des enfants et de se marier

pas besoin de mari pour faire ma vie
répliqua-t-elle d'un regard résolu
cela me poussa à dire, moi non plus
je compris trop tard ce que j'avais dit

car au lieu d'un torrent de questions
ma mère n'eut qu'une seule réaction
levant les mains en l'air et hurlant
mon fils est pas gay ! pour elle un soulagement

rester stoïque, attendre la fin du dîner
prétexter d'être fatigué pour aller se coucher
dans ma chambre, je reste prostré
et je passe la nuit à pleurer

PRÈS D'UN RADIATEUR

Pour une heure de liberté
se contenter de flâner
tout près d'un radiateur
je savoure sa chaleur

la pluie tambourine
les fenêtres et les esprits
submergés par le bruit
nos cœurs restent en sourdine

dans cette salle surpeuplé
au milieu des conversations animées
je sens ta jambe, puis ton pied
lentement contre moi se coller

un frisson me traverse en secret
dans ce chaos, rien ne m'atteins
nos silences se tiennent discrets
mais leur langage est certain

VESTIAIRE 3

D'un signe discret de ta main
je sors du bassin
d'un air désintéresser, je te rattrape
et ma main, tu attrapes

bien avant l'heure prévue
on passe des douches au vestiaire
enfin seul et entièrement nu
tu m'embrasses et tu fais le fière

tu me prends dans tes bras
et tu me dit tout bas
tout ce que tu souhaites me faire
et cette simple évocation semble te plaire

promptement, tu délaisses
les baisers, les caresses
pour que nos corps se percutent
dans des a coups abrupts

loin de toute tendresse
de ta naturelle gentillesse
tes coups rapides et brutaux
me laisse sans mots

impossible de me retenir
et sur mes jambes, me tenir
alors que tu continues de gémir
pour ton seul plaisir

essoufflé, prostré
incapable de bouger
je te sens t'éloigner
totalement combler

mais des voix dans le couloir
font monter en nous une angoisse
que l'on puisse ainsi nous voir
tu me lèves, me couvres et m'embrasses

alors que tu t'habilles
et que les autres finissent par entrer
toi, tu affiches un sourire subtil
je commence déjà à te pardonner

seulement vêtu de ma serviette
je reste sur le banc, immobile
sur le mur, je pose ma tête
et je regarde le néon qui grésille

alors qu'ils déambulent dans la salle humide
j'enfile, caleçon et pantalon
cœur lourd de voir ton sourire, doux, candide
finir de s'habiller pour fuir, sans direction

sans difficulté, tu m'as rattrapé
quelques mots échangés, chuchoter
un regard autour de nous pour te rassurer
m'embrasser, pour te faire pardonner

PRINTEMPS

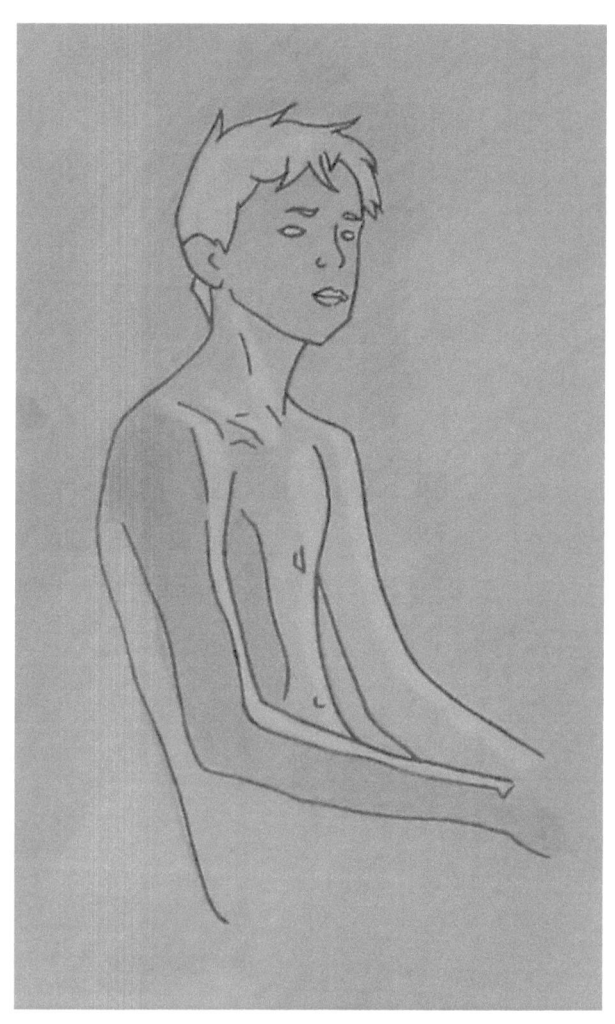

COURS DE DESSIN

Après-midi brûlant, en cours de dessin
la prof te désigne comme modèle
je souris, crayon en main

apprendre à dessiner
les corps, les draper
et que ce soit toi, est inespéré

puis doucement, tu prends la pose
et sur ton corps, mon regard se pose
ton regard se tourne vers moi

les autres ne voient que ton visage
impassible et sage
moi, je vois tout de toi

car je sais ce que cachent tous ces tissus
et cela me donne envie
de te dessiner totalement nu

oserais-je un jour te demander
pour moi, te déshabiller
afin que je puisse te dessiner

à cette idée, mon esprit s'égare
mon corps réagit et je rougis
cela attire ton regard et tu souris

PLUIE DE PRINTEMPS

Sortant du bâtiment, sous la pluie
alors que les autres se dispersent
pour fuir cette incroyable averse
nous, on marche et tu souris

marchant dans la rue où l'eau ruisselle
la pluie nous rend presque invisibles
tu attrapes ma main, imprévisible
je savoure ce moment irréel

au moment de nous séparer
balayer par la pluie torrentielle
malgré la crainte d'être remarqué
on échange un baiser fusionnel

alors que tu multiplies tes baisers,
nos doigts unis se resserrent
sous la tempête, un éclair

ton bus fini par arriver
et nous oblige à nous séparer
seul, je te regarde t'éloigner

avant de courir sous la pluie
puisse le week-end vite se terminer
afin que l'on puisse se retrouver

LA BIBLIOTHÈQUE

Zigzaguant entre les rayonnages
à la recherche d'un ouvrage
pour tromper l'ennuie des instants passé
à ne pas être à tes côtés

au fond de la bibliothèque, dans une impasse
je te vois surgir, avec un large sourire
tu me rejoins, d'un pas empressé
et chuchote que tu veux m'embrasser

gêné, je cherche à te repousser
et murmure, une inquiétude justifier
tu me rassures en te collant contre moi
je ne lutte plus et te serre dans mes bras

ton front collé contre le mien
ta respiration, les battements de ton cœur
dans ce silence où plus rien ne tient
tu prononces enfin, les mots du bonheur

troubler par cette déclaration
je te laisse m'embrasser
avec fougue et passion
et c'est là que je l'ai remarqué

brusquement, je te repousse
et à ton tour, tu l'aperçois
cette fille d'une autre classe
qui sourie, puis s'éloigne, sans émoi

doucement, à mon oreille, tu susurres
malgré mon inquiétude, tu me rassures
un dernier baiser et on quittent ce recoin
traverser la bibliothèque un livre en main

LE RÊVE

le soleil qui me réveille
me fait entré dans un nouveau rêve
où tu serais près de moi
endormis, dans le creux de mes bras

je ne peux qu'imaginer
ton visage, ton corps entier
qui serait sublimé, magnifier
par un rayon de soleil doré

je ne peux qu'imaginer
te voir allonger sur le côté
et moi sur la couverture, tirer
pour dévoiler ta merveilleuse intimité

je ne peux qu'imaginer
pour lentement te réveiller
te couvrir de baisers
mais il est déjà l'heure de se lever

TES LARMES

Le week-end est terminé
on devrait être heureux de se retrouver
pourtant, tu restes silencieux
comme perdu dans un océan de pensées

la journée est terminée
on arrive dans notre coin de liberté
nous ne sommes que tous les deux
j'aimerais t'embrasser, mais je te vois pleurer

je ne sais pas quoi faire, ni dire
pour te rassurer, te calmer
te voir ainsi me fait souffrir
j'aimerais tant te faire sourire

je te prends dans mes bras
je reste là avec toi
je ne serais jamais pourquoi
tu étais dans cet état-là

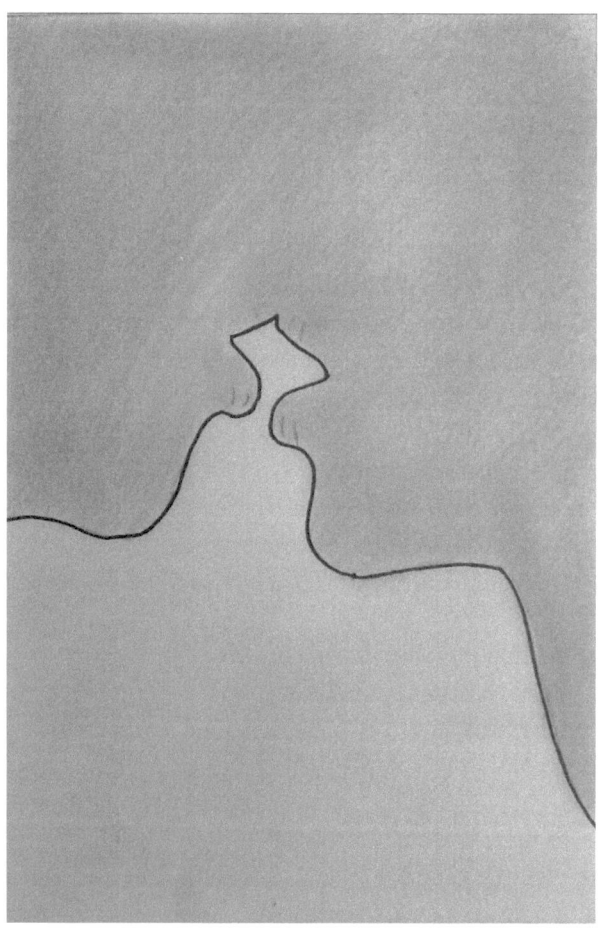

SA CHAMBRE

Par un après-midi de printemps
inviter chez lui, pour passer le temps
avec entrain parcourir le chemin
baigné par l'odeur des jardins

arriver devant la maison
la porte, promptement, s'ouvre
et avec un grand sourire, je le découvre
m'attrapant par la main avec exaltation

un couloir traversé
lâcher sa main, croiser sa mère
qui affiche un regard sévère
monter un escalier

dans sa chambre, nous sommes entrés
nous avons commencé à nous embrasser
mais tes mains, dans des gestes empresser
commençais déjà à nous déshabiller

rarement entièrement nu
nos corps, nous avons contemplé
du bout des doigts toucher
ce que l'on a rarement vu

on se caresse
et basculons sur le lit
gestes de tendresse
et tu souris

nos corps ne font plus qu'un, avec douceur
tu te mets en mouvement et tu m'embrasses
mes mains sur ton dos, on s'enlace
gémir de plaisir augmente ton ardeur

dans l'escalier, des pas se font entendre
une panique, ne pas attendre
nos corps se séparent
à la recherche de nos vêtements épars

enfiler tee-shirt et pantalon
sous le lit, cacher chaussettes et caleçons
de l'autre se tenir à l'écart
car la porte s'ouvre déjà sans égard

les mains dans les poches pour nous dissimuler
alors qu'ils échangent des mots sans joie
j'évite son regard dur et froid
elle enfin partie, la porte, tu vas fermer

un soupir de soulagement
un sourire, se mettre à rire
se prendre la main tendrement
un souffle, un regard, un sourire

ton pantalon, tu laisses tomber
contre-moi, tu viens te coller
pour te rassurer et m'embrasser
et de tes doigts agiles pour me déshabiller

de retour sur le lit
nos corps fusionnant
lentement, ondulant
de plaisir ont gémi

alors que nos corps se percutent
tes mains comme des serres
sur mes fesses, mes bras, se resserrent
et ton bassin me cogne violemment

je te vois retenir
un cri de plaisir
cela me comble de désir
que de te voir jouir

patienter, continuer, recommencer,
jusqu'à ne plus avoir envie
mais nos corps trahissent nos pensées
trois, quatre fois, jusqu'à la tombée de la nuit ?

Allonger côte à côte les jambes emmêlées
te regarder avec un air serein
regarder ton corps, puis le mien
un, je t'aime, doucement murmurer

promener mes doigts sur ta peau
caresses, mélanger à ton souffle chaud
mais tu restes immobile
ton regard perdu vers l'invisible

je me sens gêné
mais, je ne peux m'empêcher
de regarder nos intimités
en caressant ton torse, de sueur, mouiller

quel plaisir, ce serait
de rester ainsi à jamais
mais déjà, il faut se rhabiller
car l'après-midi est déjà terminé

SOIRÉE TÉLÉ

La famille devant la télé
moi assis au bout du canapé
les jambes repliées
perdu dans mes pensées

une romance insipide
d'un couple chaste
jusqu'à la dernière seconde
avant un baiser faste

alors que je reste apathique
je les vois extatiques
je fuis vers ma chambre

plongeant sur le lit
je repense à toi
tes murmures, tes doigts

UN CÂLIN DANS L'HERBE

Après deux semaines sans pouvoir être seul
nous voilà dans notre refuge
à l'ombre des arbres, des feuilles
adieu à tous les subterfuges

allongé dans l'herbe, on regarde le ciel
je glisse mes doigts entre les tiens
ton visage au-dessus du mien
tes lèvres ont le goût du miel

à quatre pattes, au-dessus de moi
je te dis que l'on ne peut pas faire ça
mais déjà, tu ouvres nos pantalons
et glisse une main dans mon caleçon

imitant chacun de tes gestes
je t'entends gémir à mon oreille
accélérant nos caresses
on entre dans une transe intemporelle

nos cœurs palpitants
nos souffles haletants
tu m'embrasses, combler
mais on entend des voix approcher

se rhabiller à toute vitesse
les regarder, lui et elle s'approcher
leurs regards plein de tendresse
puis les voir s'éloigner

je veux prendre tes doigts
mais tu te dérobes, silencieux
j'aimerais me rapprocher de toi
mais, je reste là, sous le ciel bleu

TA PREMIÈRE FOIS

En fin de journée
dans notre recoin
enfin, je te convaincs
de me laisser essayer

tu préfères encore vérifier
avant d'accepter de laisser tomber
à tes genoux, pantalon et caleçon
enfin, je me lance pour de bons

je comprends ta peur de la douleur
et je te promets de le faire en douceur
d'abord mouiller puis glisser mes doigts
comme tu le fais presque à chaque fois

je finis par me glisser en toi
et je comprends enfin
ce que tu ressens à chaque fois
remuant, te touchant de mes mains

peu de temps en réalité
avant de finir, combler
et dans mes bras te serrer
tu sembles rassurer et exciter

me retirant, toi, te retournant
et passionnément m'embrassant
tu avoues ton appréhension
et parle avec passion

de ton envie dévorante
qui des plus pressantes
tu te presses contre moi
et je m'accroche à toi

d'abord tendre et lent
chacun de tes mouvements
se fait des plus pressants
maintenant, je te comprends

après un dernier râle de satisfaction
tu m'embrasses avec passion
tu aimerais recommencer
mais il est déjà l'heure de séparer

se rhabiller, s'embrasser
retourner vers la rue, se séparer
un signe discret de la main
et déjà s'impatienter pour demain

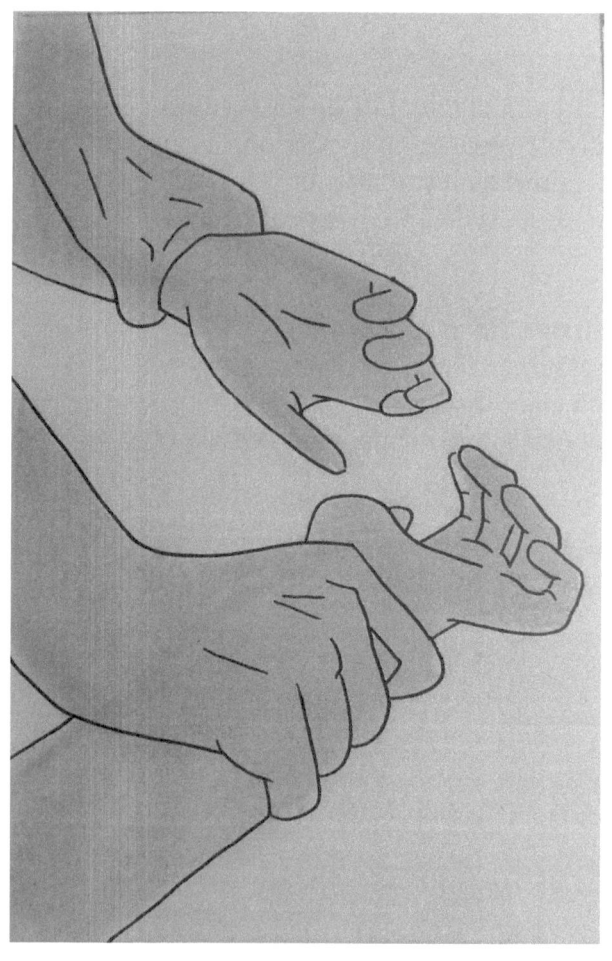

ÉTÉ

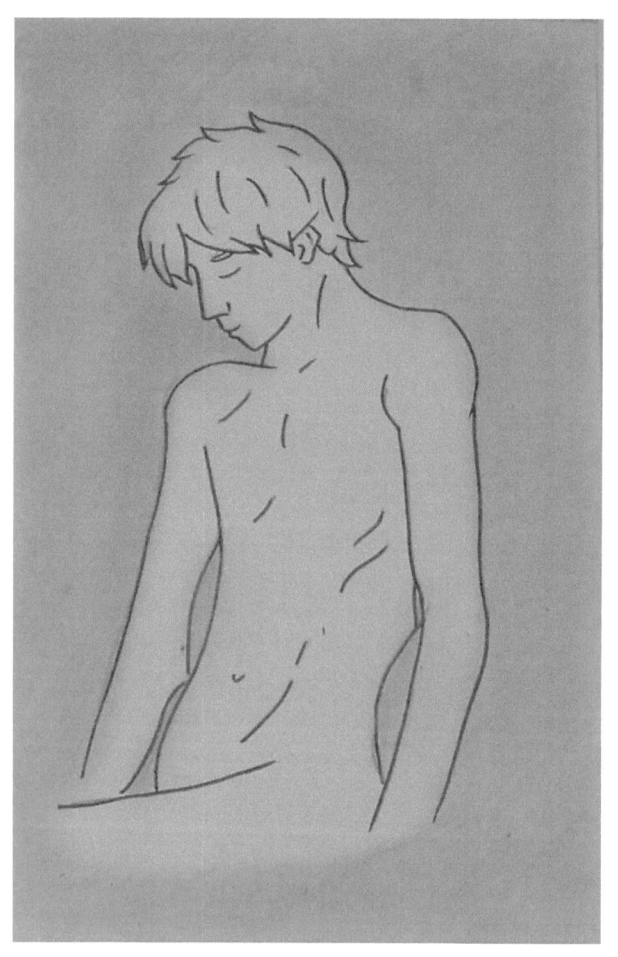

UN DESSIN

Assis dans l'herbe et soleil de plomb
je commence à dessiner ton visage
ton regard perdu, sous tes cheveux blonds
tu ne sembles pas content de cette image

après une proposition, tu te mets à genoux
déboutonne ta chemise, et ton pantalon
tu me dévoiles ton torse imberbe et doux
alors que j'agite mon crayon

sur l'élastique, tu as tiré
pour dévoiler ton sexe
et tu m'invites à le dessiner
avant qu'il ne se dresse

tout en m'exécutant
je la vois qui se tend
et moi tout autant
de voir ton membre palpitant

posant crayon et papier
en avant, se pencher
et de ma langue titiller
et de joie t'entendre soupirer

tes mains sur ma tête
tes doigts dans mes cheveux
alors que j'engloutis ce que je tette
cela te rend heureux

accélérant mes mouvements
tu ne caches plus tes gémissements
et ton désir hardant
est comblé dans un dernier halètement

un dernier soubresaut
et l'élastique claque sur ta peau
je crache et essuie d'un revers de main
la bouche que tu embrasses avec entrain

LA NUIT

Sur le bord de ma fenêtre, assis
nu comme un ver, je contemple la nuit
mes orteils caressés par les brins d'herbes
je savoure le froid des ténèbres

dans l'herbe faire quelques pas
quelle agréable sensation
sûr que personne ne me verra
je m'étire de tout mon long

mes pensées vagabondes vers toi
j'aimerais que tu sois là
pour savourer cet instant avec toi
pour me pelotonner dans tes bras

t'entendre murmurer tout bas
voir parler, crier, hurler
ce sentiment qui nous fait s'embrasser
et dire à tous que tu n'aimes que moi

que ce rêve est si beau
mais juste un rêve
et il faut lui tourner le dos
je voudrais tant rester dans ce rêve

mais déjà faire demi-tour
dans la chambre retourner
là où je ne pourrais jamais t'amener
ni y laisser la trace de notre amour

CONSTAT

Devant le miroir de la salle de bain
parcourant mon corps d'une main
je vois les marques que tu as laissées

les suçons sur mon cou
les marques de doigts sur mes bras
et celles qui sont encore plus bas

certaines disparaîtront plus vite que d'autre
et certaine trahisse ton agressivité
lorsque l'on trouve un moment d'intimité

lorsque je suis dans tes bras
et que tu veux faire plus que ça
ces quelques bleus ne sont plus douloureux

sous la douche, la bonne température
calme les quelques courbatures
que tu m'a laissé cet après-midi

se sécher, puis aller se coucher
la lumière de la chambre, tamiser
me fait douter de mes sentiments

pourtant toutes mes pensées
me ramène vers toi
et me donne l'envie d'être dans tes bras

ATHLÉTISME

Sous un soleil brûlant
je te vois courir, transpirant
ton short, ton tee-shirt colle à ta peau
brillant de sueur, tu es si beau

inspirer
une foulée
expirer
accélérer

essuyant mon front d'un revers de main
tu atteins le bout de la piste
attendant que le prof baisse la main
je m'élance sur la piste

inspirer
une foulée
expirer
accélérer

arriver dernier de l'autre côté
je te vois sourire et t'éloigner
d'un pas presser, te rattraper
pour ensemble continuer

inspirer
une foulée
expirer
accélérer

je cherche ton regard
un murmure, un soupir
mais déjà, tu repars
et je te regarde courir

...

Dans notre coin à tous les deux
pourtant, j'ai peur, je me débats
et toi, tu me tords les bras
je voudrais crier, mais je reste silencieux

plaquer par terre, ne plus bouger
tu me dis de me laisser faire
car ça avait toujours l'air de me plaire
abandonner et le laisser se satisfaire

dans l'herbe le visage enfoui
ces mains qui s'agrippent sur mes bras
le sentir peser de tout son poids
le sentir haleter lorsqu'il jouit

le sentir se relever
essayer de se rhabiller
ne pas le regarder pour ne pas pleurer
et ne pas donner l'impression d'avoir souffert

rajuster nos vêtements
faire par de mes tourments
tu essaies de te justifier
par le plaisir que tu m'aurais donné

je n'arrive plus à argumenter
tu t'installes à mes côtés
tu essaies de m'embrasser
et tu me demandes de te pardonner

je ne sais plus quoi dire, ni pensée
je te demande si tu continues de m'aimer
tu réponds, *oui*, sans hésiter
mais je ne sais pas si je dois te pardonner

DISPUTES

Une dispute, une de plus
sur tes gestes déplacer
et tes envies que je ne peux combler

malgré les jours, tu restes fâcher
ce que tu peux être rancunier
pourtant, je continue de t'aimer

je ne pense qu'as te parler
te laisser m'embrasser
et me réfugier dans tes bras

j'ai peur de ne plus te revoir
de ne plus sentir ton odeur
et le doux battement de ton cœur

chaque jour, j'essaie de m'approcher
mais tu fais tout pour m'ignorer
malgré tes regards qui semblent me supplier

VACANCES

Ne plus te voir
ne plus t'entendre
me fait perdre espoir

dire adieu à ton sourire
à l'éclat de ton rire
m'attriste et je soupire

le bleu profond de tes yeux
la malice de tes regards
ils suffisaient à me rendre heureux

malgré la chaleur des jours
et la quiétude des nuits
je ne peux oublier mon amour

lorsque l'été sera terminé
pourrons-nous recommencer ?
ensemble à nous aimer

LE RETOUR DE L'AUTOMNE

L'automne est revenu
notre amour n'existe plus
je n'ai pas mûri comme j'aurais dû
c'est peut-être cela qui t'a déplu

elle, tu la tiens par la main
je sens ma colère, cela m'agace
car devant les autres, tu l'embrasses
moi silencieux, je reste au loin

pourtant, je vois ton regard
vers moi, se tourner
avec un air attrister
pourtant, il est déjà trop tard

car à ton bras, elles se succèdent
comme les semaines et les mois
je ne veux plus ressentir de peine
seulement être dans tes bras

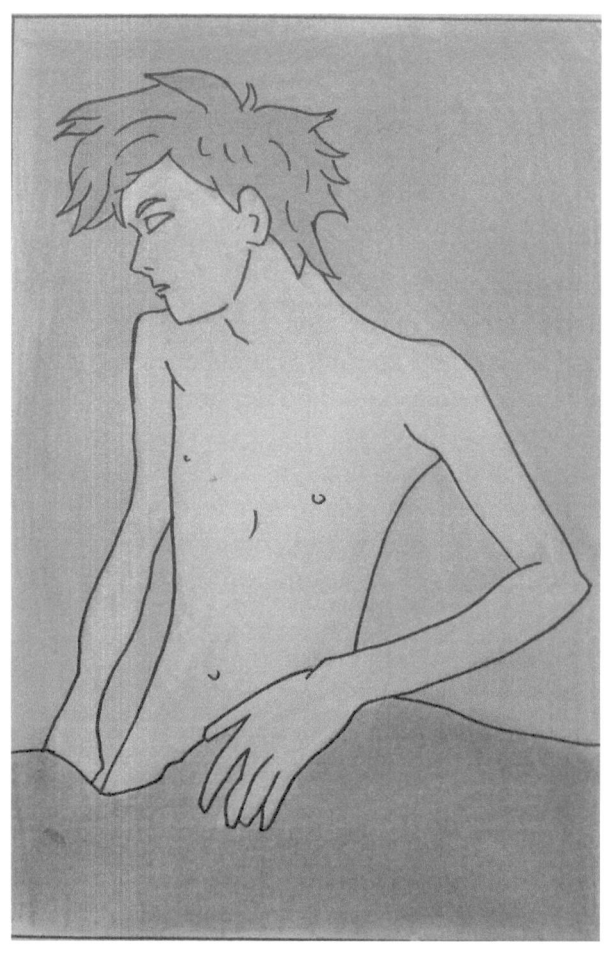

DIX ANS PLUS TARD

ANNIVERSAIRE

Ce matin, j'ouvre les yeux
j'ai fait un cauchemar
je baille, le ciel est bleu
s'étirer, il n'est pas si tard

je me fige devant le calendrier
c'était hier, ton anniversaire
pour la première fois, j'ai oublié
je ne sais plus quoi faire

je tourne en rond, dans la maison
alors que tu m'as sûrement oublié
je sais que moi aussi, je dois oublier
je n'arrive pas à me faire une raison

la journée finie par passer
et moi de ne plus y penser
continuer, vivre, rêver, rire, pleurer
chaque jour, chaque mois, chaque année

FIN…

si l'on se revoyait
et que tu me le demandais
qu'enfin, tu prononcerais
les mots que j'attendais

aurais-je la force de te dire, non… ?

NOTE DE L'AUTEUR

Certains diront que tout est vrai et d'autres dirons que tout est inventé.

Moi, je dirais qu'il faut parfois se contenter d'un juste-milieu.

Car après tout, ce que l'on déclare comme étant la vérité ne dépend que de notre propre point de vue.

TABLES DES MATIÈRES

	Page
— Préface	7
— Automne	13
La rencontre	15
Un regard en classe	17
Absence	19
La révélation	21
Un contact	23
Vestiaire 1	25
Doute	27
Dernier jour d'automne	29
— Hiver	31
Un matin d'hiver	33
Repas 1	35
Un câlin en hiver	37
Un après-midi dans le noir	39
Vestiaire 2	41
Repas 2	43
Près d'un radiateur	45
Vestiaire 3	47

— Printemps 51
Cours de dessin 53
pluie de printemps 55
La bibliothèque 57
Le rêve 59
Tes larmes 61
Sa chambre 63
Soirée télé 69
Un câlin dans l'herbe 71
Ta première fois 73

— Été 77
Un dessin 79
La nuit 81
Constat 83
Athlétisme 85
… 87
Disputes 89
vacances 91
Retour de l'automne 93

— Dix ans plus tard 95
Anniversaire 97
Fin… 99

— Note de l'auteur 101

Axel et Camille : Les sept grimoires de Cynwrig

Un soir, alors que j'étaie dans la bibliothèque de l'école, j'ai trouvé un livre étrange, couvert de poussière. Et à l'intérieur de ses pages jaunies se trouve d'étranges incantations et des monstres mystérieux. Mais en lisant une incantation à haute voix, tous les monstres du livre ont pris vie et ils se sont tous échappés.

Depuis avec l'aide de ma soeur Axel et de Siward un dragon en peluche, également sortie du livre, nous luttons contre les monstres afin de les remettre dans le livre avec l'espoir de peut-être retrouver un jour, une vie normale.

Axel et Camille contre le dompteur de monstres

Dans cette histoire interactive incarné Axel, Camille ou l'un de leur amis. Explorer l'école et la forêt qui l'entoure, utiliser des sortilèges et invoquer des monstres pour sauvé Siward et récupérer le septième grimoire de Cynwrig avant qu'ils ne tombent entre les griffes d'un terrible ennemi.

Jon et l'héritage du démon

Il y a plusieurs milliers d'années, les cinq dieux du monde de l'Obscur ont trouvé la porte qui conduit à notre monde. Mais les cinq dieux célestes après de nombreux combats, ont réussi à les renvoyer dans le monde de l'Obscur.

Aujourd'hui, Jon en explorant une tombe millénaire avec deux de ses amis, a malencontreusement hérité des pouvoirs de l'un des serviteurs du monde de l'Obscur. Entraîner par Gram, le dieu loup, Jon apprend à utiliser ses nouveaux pouvoirs, car le monde de l'Obscur semble sur le point de rouvrir la porte qui relie nos deux mondes.

Recueil de poésie

Les poèmes de ce recueil de poésie sont de taille et de formes variées tout comme les sujets dont-ils traitent, de la romance, de la science-fiction et du fantastique.

L'albatros ou l'été de mes seize ans

Ce sont enfin les vacances d'été et Ben part chez sa tante pour y faire quelques travaux. Mais une fois sur place, il va faire une rencontre inattendue qui va chambouler son si paisible quotidien.

Une histoire inspiré de fait réel

Poèmes et Proses

Dans ce recueil, l'auteur nous entraîne dans un voyage poétique où chaque vers révèle les subtilités de l'amour, de la mélancolie et de l'espoir.

Avec une sensibilité touchante, ces poèmes invitent à ressentir et à réfléchir, célébrant la beauté des instants quotidiens.

Une expérience à vivre pour tous ceux qui cherchent à redécouvrir la magie des mots.

ORBAN

Journal de bord du commandant.

Cela fait déjà plusieurs mois que nous avons quitté notre planète d'origine, Odara pour explorer un nouveau système solaire en vue d'y établir la première colonie à l'extérieur de notre système solaire.

Après deux semaines à orbiter autour d'un planétoïde à l'atmosphère toxique et à la forte activité volcanique. Nous voilà repartie vers le cœur de ce système solaire. Et nous avons tous hâte de découvrir les nombreuses découvertes qui nous y attendent.

La légende de Lugh

Fils de Cian du peuple des Tuatha De Danann et de Eithlenn du peuple des Fomoires, le jeune Lugh vit paisiblement, jusqu'au jour où son cousin Núadha, le prochain roi des Tuatha De Danann disparaît mystérieusement.

Afin de protéger la paix fragile entre les royaumes des Fomoires et des Tuatha De Danann qui sont depuis longtemps ennemis. Lugh va devoir affronter de nombreux dangers et déjouer de terribles prophéties.